RÈGLEMENT

Pour la Police du Bâtiment des Bains d'Aix - en - Savoie, et l'Administration des Eaux Thermales.

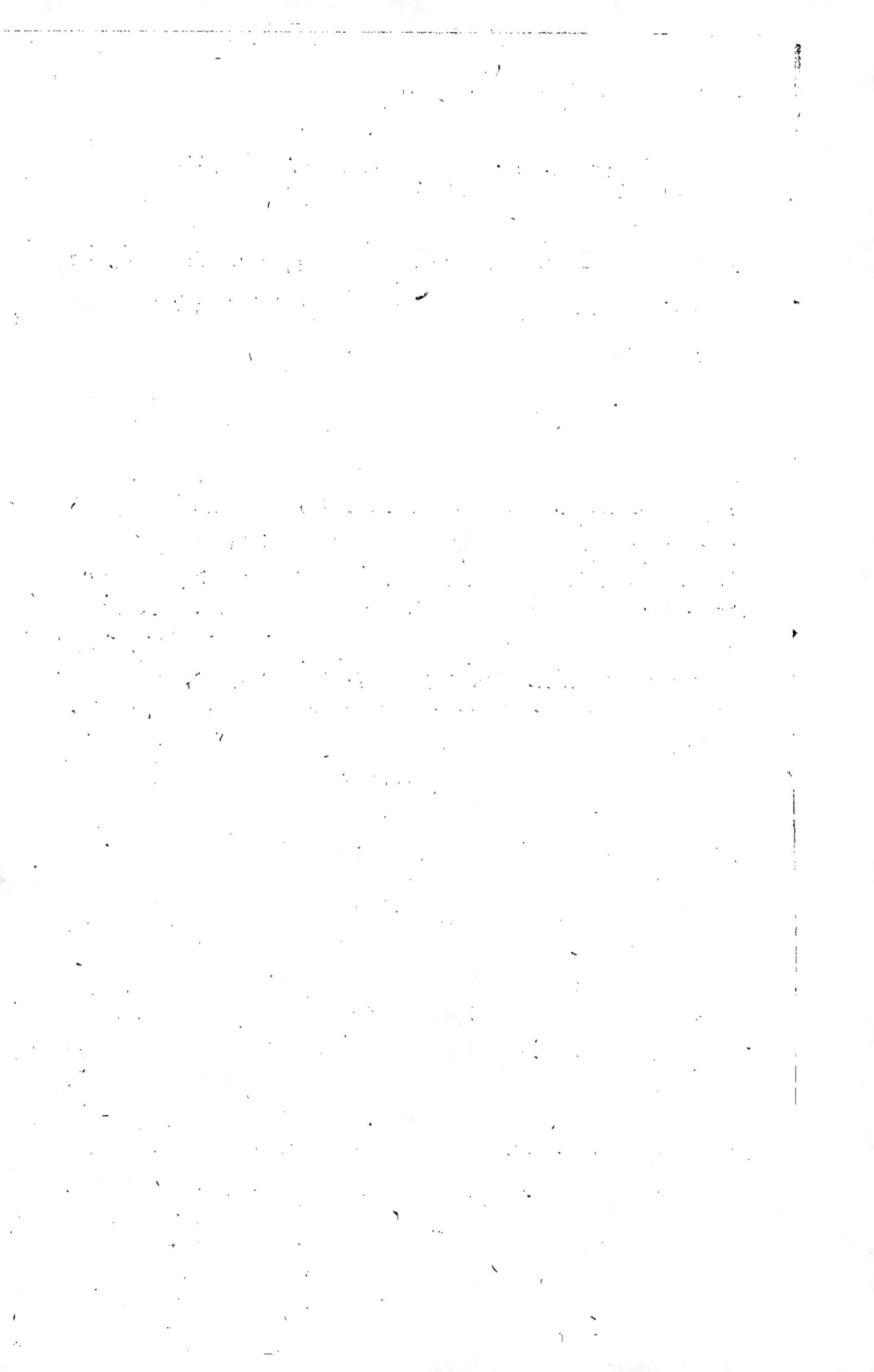

RÈGLEMENT

Pour la Police du Bâtiment-Royal des Bains d'AIX-en-Savoie, et l'Administration des Eaux Thermales.

LE Règlement général proposé par la Commission administrative de l'Etablissement des Bains d'Aix-en-Savoie sous la date du 28 mars 1817, et approuvé par M. l'Intendant-Général du Duché le 4 avril dernier, commencera à être mis en vigueur au 1.er juin 1817. A dater du même jour, la police et le service intérieur de cet Etablissement se feront de la manière suivante :

ART. I.er

Dispositions générales.

La Commission administrative créée par Ordonnance de M. l'Intendant du Duché de Savoie, du 15 février 1817, est chargée de la direction générale de tout ce qui a rapport à l'Etablissement des Bains : M. le Médecin-Directeur en surveillera les détails et tout ce qui est relatif à la police intérieure des bâtimens ; il sera secondé dans cette charge par l'un des membres de la Commission administrative. — L'ouverture du grand Bâtiment-Royal et sa clôture auront lieu aux heures fixées par la Commission administrative, qui les réglera de manière à pouvoir entièrement satisfaire aux besoins des malades. Elles seront indiquées chaque jour par un tableau en placard placé vers la porte. — Les soins de propreté de tout l'Etablissement seront, comme par le passé, à la charge des Doucheurs, des Doucheuses et des Porteurs qui profiteront, pour en balayer et nettoyer les diverses parties, du temps intermédiaire à l'administration des Eaux. — La plus grande propreté et la plus grande décence dans les habillemens sont exigées de tous les employés ; et ils seront responsables de toutes mauvaises odeurs qui pourraient incommoder les malades dans l'Etablissement, et qui résulteraient de leur fait, ou de leur négligence. — Ils se conduiront envers les étrangers de la manière la plus honnête et la plus irréprochable : tout manquement à cet égard sera sévèrement puni.

Art. II.

Du Caissier de l'Établissement.

Le Caissier tiendra toute la comptabilité de l'Etablissement ; c'est lui seul qui délivrera les *Billets de Bains* : toute personne, par conséquent, qui voudra prendre les Eaux devra s'adresser à lui pour s'en pourvoir, et les payer comptant. — Les *Billets de Bains* destinés aux indigens, leur seront délivrés *gratis* par le Caissier, sur *l'ordre écrit* de M. le Médecin-Directeur, visé par M. le Président de la Commission administrative.

Art. III.

De l'Econome de l'Etablissement.

L'Econome est chargé spécialement de surveiller tout le matériel des Bains, et de veiller à la conservation des bâtimens qui en dépendent. — Il est de droit le premier agent de police de l'Etablissement: en conséquence, tous les employés subalternes lui seront soumis et subordonnés, et seront tenus d'obéir à ses ordres, sans délai, ni retard, pour tout ce qui a rapport au service. — L'Econome est chargé de la distribution des N.ᵒˢ d'ordre; il en tiendra un registre contenant les noms et habitation des personnes auxquelles ils seront remis. — Aussitôt après la distribution des N.ᵒˢ d'ordre, il en fera le relevé par division, et il en transmettra note aux huissiers de chaque division. — Il fera chaque jour le relevé des *Billets* rentrés; il en donnera chaque jour aussi des bons collectifs aux diverses classes d'employés de l'Etablissement, pour leur servir de pièces comptables, et il gardera registre de ces bons. — Il retiendra les *Billets* de douche locale, ceux des bains de vapeurs et autres auxquels les employés n'ont aucun intérêt, et les remettra lui-même tous les soirs au Caissier. — Il tiendra main à ce que personne ne se présente pour l'usage des Eaux, sans être muni de son *Billet*; et il avisera à ce que les malades, qui désirent prendre les Eaux d'une *manière insolite*, choisissent pour cela une époque de la journée qui ne puisse gêner, ni interrompre le service régulier de l'Etablissement. — Il tiendra chaque jour registre des Huissiers , Doucheurs , Doucheuses et Porteurs qui auront été de service , en indiquant les divisions et les cabinets qu'ils auront occupés. — Les registres de l'Econome seront arrêtés tous les huit jours par le Président de la Commission administrative.

ART. IV.

Des N.ᵒˢ d'ordre.

Les N.ᵒˢ d'ordre sont indépendans des *Billets de Bains* : ils seront délivrés *gratis* par l'Econome. — Ils ne pourront servir que pour un jour ; en conséquence, si un malade qui a pris son N.º *d'ordre* ne peut user des Eaux , il est tenu de le faire rendre à l'Econome qui en préviendra l'huissier de la division ; de même encore, si le porteur d'un N.º *d'ordre* n'a pas répondu à l'appel , l'huissier devra en prévenir l'Econome pour le faire réclamer et le comprendre dans la prochaine distribution — L'ordre de ces N.ᵒˢ dans le service régulier des douches ne pourra être interverti sous quel prétexte que ce soit.

ART. V.

Du Concierge.

Le Concierge est chargé de la clef du Bâtiment-Royal. — Il devra en ouvrir les portes au public aux heures prescrites par la Commission administrative : hors le tems de l'administration des Eaux, le bâtiment des Bains sera fermé, et le Concierge ne l'ouvrira que pour le service particulier des malades, ou pour la satisfaction des étrangers. — Il ne laissera point entrer ces derniers dans les cabinets de douches ou autres, lorsqu'ils seront occupés par des Baigneurs, et il devra les accompagner pour prévenir tout désordre. — Il veillera en tout temps à ce que les bâtimens et leurs dépendances soient tenus dans le plus grand état de propreté possible. — Il est expressément défendu au Concierge, sous peine de destitution, de solliciter aucune gratification ou étrenne. — Il répondra de tous les meubles et effets de l'Etablissement, dont il lui sera remis inventaire.

ART. VI.

Des Huissiers.

Il y aura un Huissier pour chaque division du Bâtiment-Royal. — Il sera tenu de se trouver à son poste demi-heure avant l'ouverture des Bains. — Chaque Huissier recevra dès la veille, de la part de l'Econome, la note de tous les N.^{os} d'ordre qui auront été distribués pour sa division. Cette note indiquera les noms des personnes qui les ont reçus, leur logement et l'espèce de *Billet* dont ils sont porteurs. — Les Huissiers auront constamment cette note sous les yeux, et ils appelleront les N.^{os} dans leur ordre de série, de manière que, au moment où le porteur d'un N.^{o} dont le tour est arrivé, va entrer à la douche, l'Huissier, si le N.^{o} suivant ne se trouve pas là, devra l'envoyer chercher à domicile s'il a un billet *avec port*, ou passer au N.^{o} suivant dans le cas contraire. — Les Huissiers se régleront d'ailleurs toujours de manière à ce que les Baigneurs se succèdent ainsi régulièrement par ordre de N.º, pour que le service se suive sans interruption en évitant aux étrangers l'ennui de trop attendre. — Le N.º qui aura laissé passer son tour, sera renvoyé à la fin de toute la série des N.ºs de la division. — Chaque N.º sera placé dans la boîte à ce destinée, par l'Huissier lui-même, au moment où le Baigneur entrera dans le cabinet, afin qu'il ne puisse se faire aucune substitution au préjudice du N.º suivant. — L'Huissier n'admettra aucun Baigneur qui ne serait pas porteur de *N.º d'ordre*, si ce n'est lorsque tous les N.ºs de la série seront passés ; et, dans tous les cas, il n'y admettra personne sans être muni de son *Billet de Bains*. — Les Huissiers sont tenus, sous leur propre responsabilité, d'avertir l'administrateur de service et le Médecin-Directeur des Eaux, de tous les manquemens que pourraient commettre les divers employés de leur division, ainsi que des abus qu'ils pourraient découvrir dans le service, et ils leur feront chaque jour leur rapport sur tout ce qui se sera passé dans l'Etablissement. — Ils auront le plus grand soin que les corridors ne soient jamais embarrassés par des chaises, et qu'il y en ait toujours assez de disponibles dans les salles pour que le service n'en puisse souffrir.

ART. VII.

Des Doucheurs, Doucheuses et Porteurs.

Les Doucheurs, Doucheuses et Porteurs feront

leur service à tour de rôle et dans l'ordre du tableau nominatif, qui sera affiché dans la salle des
Bains. — Dans les cas d'urgence, ce sont les pre-
miers qui se trouveront sur les lieux qui satisferont
aux besoins du moment. — Les plus jeunes et les
plus robustes seront plus particulièrement chargés
des corvées de fatigue. — Tous devront s'empresser
de donner leurs soins aux malades qui les récla-
meront, quels que soient leur rang et leur for-
tune, sans en pouvoir exiger ni même recevoir
aucune étrenne ou bonne-main, à quel titre que ce
puisse être. — Les Doucheurs et les Doucheuses
recevront de l'Établissement tous les instrumens qui
leur seront nécessaires pour l'administration des
Eaux thermales ; mais ils seront obligés de les *en-*
tretenir, c'est-à-dire, de les réparer et de les remplacer à neuf, à leurs frais, lorsqu'ils seront jugés
hors de service ; c'est pourquoi, avant l'ouverture
de la Saison des Eaux, ils seront tenus de les pré-
senter au Médecin-Directeur ; il en fera l'inspection
et leur ordonnera de faire réparer de suite ceux qui
se trouveraient en mauvais état. S'ils y apportaient
de la négligence ou de la mauvaise volonté, il leur
en sera fourni par l'Établissement, qui leur en retiendra le prix sur leur salaire ; il en sera de même
pour les Porteurs à l'égard des chaises. — Indépen-
damment de leur service ordinaire, les Doucheurs,
les Doucheuses et les Porteurs, et généralement tous
les Employés sont à la disposition de M. le Syndic,
des Membres de la Commission administrative, du
Médecin-Directeur des Eaux, et de l'Économe, dans
tous les cas extraordinaires qui intéresseraient la

sureté de l'Etablissement et le bien du service. —
Les Doucheurs et les Doucheuses n'admettront aucun malade dans les cabinets destinés à l'administration des Eaux , sans avoir reçu le *Billet - de
Bains* qui désigne la nature du remède qu'il doit
prendre. Ils placeront ce *Billet* dans la boîte établie
ad hoc à la porte de chaque cabinet. Cette boîte
fermera à deux clefs , dont l'une restera entre les
mains de l'Econome , et l'autre dans celle de l'un
des Doucheurs. — Tous les soirs lorsque l'heure des
douches sera passée , l'Econome , les Doucheurs , les
Doucheuses et les Porteurs se réuniront pour retirer
les *Billets* des boîtes. — L'Econome en consignera
le nombre sur un registre , et en donnera un bon
total à chaque classe d'employés qui y ont intérêt.
Ces derniers présenteront immédiatement après leurs
bons au Caissier avec les *Billets* correspondans :
celui-ci visera les bons et retiendra les *Billets* pour
les remettre en caisse.

ART. VIII.

Des Aspirans aux places de Doucheurs , Doucheuses et Porteurs.

Les *Aspirans* aux places de Doucheurs , Doucheuses et Porteurs sont destinés à remplacer les
Titulaires en cas d'empêchement. — L'Econome les
préviendra dès la veille pour tout ce qui est de service ordinaire. — En cas d'urgence et pour service
extraordinaire, à la première demande qui leur en
sera faite par MM. les Administrateurs ou l'Econome,

ils devront se transporter partout où les besoins du service l'exigeront. — Ils auront droit à la rétribution à laquelle auraient droit les Titulaires dont ils feront le service, sauf le cas où l'Administration jugera si la position du Titulaire remplacé exige une retenue en sa faveur, qui ne pourra, dans aucune circonstance, en excéder le quart. — Ils ne seront admis aux places de Doucheurs, de Doucheuses ou de Porteurs Titulaires qu'après un examen probatoire de leurs connaissances et de leur capacité, pris devant la Commission administrative, et suivant leur rang d'ancienneté.

ART. IX.

Des Etrennes, Bonne-mains ou Gratifications.

MM. les Malades ne doivent rien en particulier aux employés de l'Etablissement, parce qu'ils reçoivent tous de l'Administration des Bains, un salaire juste et convenable. — Il leur est donc sévèrement défendu de recevoir, et encore plus de solliciter aucune étrenne, et cela sous peine de destitution. — Si néanmoins, la générosité ou la bienfaisance de MM. les étrangers les portaient à vouloir donner quelque chose à titre d'étrennes ou de bonne-mains, ils sont prévenus que le Caissier de l'Etablissement tient un registre *ad hoc*, et que les fonds qui en résultent sont destinés à faire une caisse de secours pour ceux des Doucheurs, des Doucheuses et des Porteurs qui, par leur âge ou leurs infirmités, y auraient droit. — Si un malade pour *sa satisfaction particulière* désire réclamer la complaisance de l'un des employés de l'Etablissement, pour lui rendre, aux Douches locales, des services qui sont d'ordinaire dans les attributions de *domestiques* ou *de sécheurs* et absolument étrangères aux fonctions que lesdits employés doivent remplir pour le service auquel ils sont astreints par leur place, il pourra traiter de gré à gré avec ledit employé pour les services qu'il réclaméra de lui ; mais il est bien entendu que ce ne pourra jamais être au détriment du service général de l'Etablissement, ni au préjudice de ses collègues.

ART. X.

Des plaintes que les malades auraient à faire contre les Employés.

Les personnes qui auraient quelque sujet de mécontentement et de plaintes envers les employés de l'Etablissement, sont priées de porter leurs réclamations au Médecin-Directeur des Eaux, ou à l'Administrateur de service et même à la Commission administrative, si elles le jugent nécessaire. Ces MM. s'empresseront toujours d'y faire droit.

ART. X I.

Des Droits établis sur l'usage des Eaux, et des Billets de Bains.

La rétribution de *vingt centimes* allouée en faveur de l'Etablissement sur les Bains pris à domicile, en vertu des Réglemens antérieurs, est supprimée ; et le prix des *Billets de Bains* est fixé dès à présent comme suit :

	fr.	c.
Pour Douche avec doucheurs et porteurs.	1	5o
Douche avec doucheurs sans port.	1	10
Douche sans doucheurs ni porteurs.	o	65
Douche avec port sans doucheurs. .	1	o5
Vapeurs , doucheurs et porteurs. .	2	oo
Vapeurs et port	1	5o
Vapeurs sans port.	1	10
Douche locale , doucheurs et porteurs.	1	5o
Douche locale et doucheurs sans port.	1	10
Douche locale simple avec port. .	1	o5
Douche locale simple.	o	65
Bains pris au Grand - Bassin dit d'alun , pour chaque cheval , etc.	o	25

C'est au Caissier de l'Etablissement qu'on devra s'adresser pour avoir les *Billets de Bains*, qui seront payés comptant par les preneurs. — MM. les Etrangers qui, par circonstance , n'auraient pas fait usage de leurs *Billets*, en recevront le remboursement à présentation.

Les malades de l'Hospice des Sœurs de St. Joseph de la ville d'Aix-en-Savoie , ne payeront que la partie de la taxe ci-dessus, uniquement destinée au salaire des employés dont le ministère aura été requis par eux.

Art. XII.

De l'usage gratuit des Eaux pour les indigens.

Tous les indigens malades des Etats de Sa Majesté, tant au de çà qu'au de là des Monts, ont droit à l'usage gratuit des Eaux. — Pour être admis à cette faveur, le malade doit être porteur d'un certificat d'indigence et de bonnes mœurs, délivré par les autorités locales de son domicile, au bas duquel le percepteur des contributions de son mandement aura certifié que l'individu qui réclame le service gratuit des Eaux ne paye pas dix liv. nouvelles de toutes contributions réunies. Ce certificat, qui ne peut être un titre pour mendier (puisque la mendicité est interdite à Aix-en-Savoie, pendant toute la saison des Eaux, en vertu de l'art. 12 du Règlement Royal de 1787), devra être *visé* par M. l'Intendant de la province du domicile de la personne qui en est le porteur, et *approuvé* par M. l'Intendant-Général de Savoie.

Fait et arrêté à Aix-en-Savoie, le 10 mai 1817, en séance de la Commission administrative.

Signé au Registre CHEVALEY, DESPINE, FRANÇOIS, DÉGAILLON, *Syndic*; RECVILLE, *Curé*; et LANDOZ, *Président.*

Pour extrait conforme :
DRONCHAT, *Secrétaire P.*

TABLEAU

des personnes attachées à l'Etablissement des Bains d'Aix-en-Savoie,

Commission Administrative de l'Etablissement.

MM. RECVILLE, Curé de la ville d'Aix.
DÉGAILLON Joseph, Syndic.
DESPINE Joseph, Médecin-Directeur des Eaux.
LANDOZ Louis, *Président.*
FRANÇOIS Pierre, *Vice-Président.*
CHEVALEY Amédée.
DOMENGET Claude-Nicolas.

Médecin-Directeur des Eaux, DESPINE Joseph, Médecin honoraire du Roi et de la Famille Royale.

Médecin-Directeur-adjoint, DESPINE fils, D.r M.n, (Charles-Humb. Ant.)

Caissier de l'Etablissement, DRONCHAT, J. Claude, Secrétaire de la Com.on administrative.

Econome, DAVAT Fr. pharmacien.

Employés ordinaires.

Huissiers, les Srs COCHET François.

DEVAUX, George.

TAVERNIER Claude-François.

BERGERAT dit PICHON George.

Concierge, le Sr RABUT Christophe.

Doucheurs, les Srs GIRARD Jean.

GROS-JEAN dit LACROIX Fr.

HERITIER Claude.

MARJOLET, Jean.

PERRET Claude.

TAVERNIER Claude.

TAVERNIER Joseph.

VENAT, François.

Doucheuses, Dames BERTIN Georgine.

BLANC, Marie.

CARASSAT Jeanne.

DUBOIN Claudine.

GORJU Marguerite.

MARTINET Pernette.

MARJOLET v.^e

SICILE Claudine.

TAVERNIER Marguerite.

Porteurs , les Srs Bertoud Joseph.
Burdet Hyacinthe.
Curtelin François.
Damois Jean-François.
Grobert François.
Magnin Claude.
Martinet Hyacinthe.
Perret Claude.
Tavernier Joseph.
Vignet Aimé.
Vincent dit Ban Claude.
Viviand Charles.

Aspirans- les Srs Piquet Joseph.
Doucheurs , Bocquin Gabriel.
Bouvier Claude.

Aspirantes- D.^{mes} Valentin Henriette.
Doucheuses ; Doche Françoise.
Curtelin Antoinette.
Chambon Jeannette.
Dunand dite Robert Claudine.

Aspirans- les Srs Poncet dit Michallin , Jean.
Porteurs , Vincent dit Ban François.
Marjolet Jacques.
Bernard dit Galoud François.
Damois François , fils.

Nous Comte Joseph Tornielli de Vergano , Gen-

tilhomme de la Chambre de S. M. Intendant-Général
du Duché de Savoie,

Ordonnons que le présent Règlement sera, dès ce
jour, exécuté et ponctuellement suivi.

Fait à Chambéry, au Bureau de l'Intendance-Géné-
rale, le 16 mai 1807.

TORNIELLI.

CHAMBERY, de l'Imprimerie de P. Cléaz, rue St. Antoine.

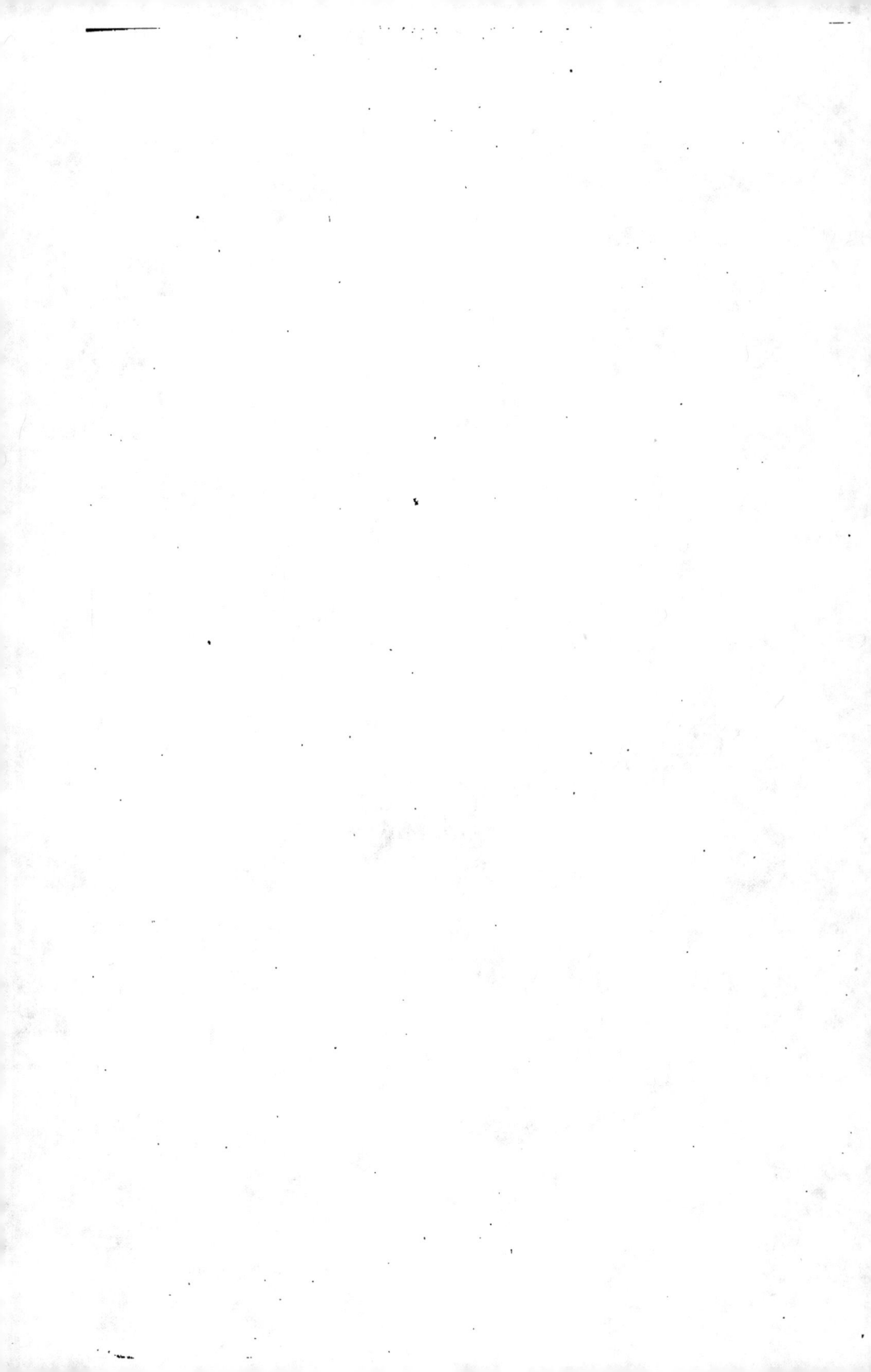

www.ingramcontent.com/pod-product-compliance
Lightning Source LLC
Chambersburg PA
CBHW060713280326
41933CB00012B/2419